VENTE

des Mercredi 25 et Jeudi 26 Novembre 1903

HOTEL DROUOT, SALLE, N° 1

A 2 HEURES 1/4

MAGNIFIQUES TAPISSERIES

de la Renaissance et du XVIIe Siècle

BEAUX MEUBLES D'ART

Bijoux — Objets de vitrine

MARBRES, BRONZES. PORCELAINES, FAIENCES

TABLEAUX — GRAVURES

Tapis, Tentures

Me F. LAIR DUBREUIL

COMMISSAIRE-PRISEUR

6, rue de Hanovre, 6

M. ARTHUR BLOCHE

Expert près la Cour d'Appel

51, rue Saint-Georges, 51

EXPOSITION PUBLIQUE

Le MARDI 24 NOVEMBRE 1903, de 2 heures à 6 heures

PARIS, IMPRIMERIE C. CHAUFOUR

8 10, Rue Milton

CATALOGUE

DE

MAGNIFIQUES TAPISSERIES

de la Renaissance et du XVIIe siècle

BEAUX MEUBLES D'ART

Salons, Tables, Crédences, Salle á manger
Chambres à coucher, Commodes, Bureaux, Armoires
Coffrets, Glaces, Jardinières
Paravents, Trumeaux, Sièges variés

Epoques et Styles XVIe, XVIIe et XVIIIe siècles

BIJOUX — OBJETS DE VITRINE

Marbres Importants — Bronzes

Porcelaines, Faïences, Ivoires
Terres cuites, Argenterie, Armes, Curiosités

BEAUX TAPIS — TENTURES

Tableaux, Dessins, Pastels, Gravures

dont la vente aura lieu

HOTEL DROUOT, SALLE N° 1

Les Mercredi 25 et Jeudi 26 Novembre 1903

A 2 HEURES 1/4

Me F. LAIR-DUBREUIL	M. Arthur BLOCHE
COMMISSAIRE-PRISEUR	EXPERT PRÈS LA COUR D'APPEL
6, Rue de Hanovre, 6	*51, Rue Saint-Georges, 51*

Chez lesquels se trouve le présent Catalogue

EXPOSITION PUBLIQUE : Le Mardi 24 Novembre 1903

DE 2 HEURES A 6 HEURES

CONDITIONS DE LA VENTE

La vente sera faite expressément au comptant.

Les acquéreurs paieront 10 o/o en sus des adjudications.

L'exposition mettant le public à même de se rendre compte de l'état des objets, il ne sera admis aucune réclamation une fois l'adjudication prononcée.

Imp. C. Chaufour, 8-10, rue Milton, Paris

DÉSIGNATION

TAPISSERIES

1 — Grande et belle tapisserie de la Renaissance représentant un roi entouré de toute sa cour, recevant une reine accompagnée de ses dames d'honneur, de ses généraux et d'une armée, dans un site merveilleux au bord de la mer sur laquelle de nombreux bâtiments aux voiles déployées, composition d'une multitude de personnages. La bordure représente des médaillons à petits personnages, sujets allégoriques sous des arceaux ou dans des encadrements, et des vases de fleurs. Tenture remarquable par son ordonnance et son parfait état de conservation.

2 — Grande et magnifique tapisserie de la
Renaissance représentant des animaux de
toutes espèces dans un paysage boisé arrosé
par une rivière avec vue de château en pers-
pective et au milieu duquel se détache une
chasse au cerf. La bordure représente des
jeune femmes en costume de l'époque, pin-
çant de la mandoline, cueillant des fruits sous
des arçeaux fleuris ; sur les côtés des rois
assis sous des vases de fleurs et gerbes de
fruits. Remarquable par sa composition d'or-
dre rare et son parfait état de conservation.

3 — Très belle tapisserie du xvii⁰ siècle représentant des vases de fleurs sous des colon-
nades enguirlandées de lierre, fond de paysage.
Bordure à colonnes enguirlandées de fleurs,
écussons et jetées de fruits.

MEUBLES

4 — Meuble de salon en bois sculpté peint
blanc, parties dorées de style Louis XVI,
couvert en lampas à fleurs sur fond vert d'eau,
composé de : un canapé, deux fauteuils et
deux chaises, de la maison DIENST.

5 — Deux chaises légères en bois sculpté et
doré de style Louis XV, couvertes en lampas
fond vieux rose à fleurs, de la maison DIENST.

6 — Table de salon en marqueterie de bois et
filets de cuivre sur quatre pieds cannelés
reliés par une entrejambe. De la maison
DIENST.

7 — Meuble crédence en noyer sculpté de style
Renaissance, la partie centrale ouvrant à deux
portes garnies de petites glaces biseautées, de
la maison DIENST.

8 — Ameublement de salle à manger en noyer
sculpté de style Renaissance composé de : un
buffet à deux corps, une table carrée, une
pannetière, un meuble argentier, deux fauteuils et six chaises garnies en cuir.

9 — Ameublement de chambre à coucher
Ier Empire en acajou ornée de bustes de femmes en bronze doré composé de :
Un lit, une armoire à glace formant chif-
fonnier à l'intérieur, une table de nuit un
secrétaire, une commode, une console, un

guéridon, une petite toilette, une bergère, un écran ; sera divisée.

10 — Meuble de salon en bois sculpté et doré de style Louis XVI, couvert en tapisserie d'Aubusson à fleurs sur contrefond vert d'eau, composé de : un canapé, quatre fauteuils et quatre chaises.

11 — Billard en palissandre de Guiter avec queues et jeu de billes.

12 — Commode Louis XV garnie de quatre tiroirs en marqueterie de palissandre et de bois de rose, ornements en bronze, dessus de marbre.

13 — Secrétaire Louis XVI en acajou moucheté garni de cuivre dessus en marbre.

14 — Armoire Louis XV en chêne sculpté.

15 — Commode en bois sculpté Louis XVI.

16 — Bureau de dame en bois de rose et palissandre, le haut formant vitrine ; ornements en bronze doré. Style Louis XV.

17 — Table à jeu en palissandre de style Louis XV ornée de bronzes.

18 — Table de nuit en bois de rose et palissandre, médaillon en marqueterie de bois, ornements en bronze. Style Louis XV.

19 — Coffret oriental incrusté de nacre et d'os.

20 — Petit support en bois doré à colonnes torses et cœurs enflammés.

21 — Rouet ancien en bois sculpté.

22 — Glace Louis XIV en bois sculpté et doré, fronton à glace couronné de palmes, ornements à feuillages et oiseaux sur consoles à draperies.

23 — Jardinière basse en bois sculpté et doré, sur pieds à volutes.

24 — Grande glace, cadre en bois sculpté et doré à rocailles et fleurs.

25 — Glace biseautée, cadre à chimères et tête d'enfant, décoré au ton du bronze.

26. — Petit meuble bambou à trois étagères, en faïence décorée.

27. — Grand canapé garni en cuir capitonné.

28 — Coffret de mariage en bois de thuya sur pieds en bronze doré, surmonté d'une galerie en bronze doré à arcades, trèfles et fleurs de lys.

29 — Canapé et fauteuil en bois sculpté Louis XVI.

30 — Deux grandes armoires surmontées de couronnes en bois sculpté, doré et peint. XVIIIᵉ siècle.

31. — Bois d'ameublement de salon du Iᵉʳ Empire en acajou, composé d'un canapé et six fauteuils.

32 — Table tric-trac en acajou et filets de cuivre. Epoque Louis XVI.

33 — Paravent en bois sculpté et doré, le haut orné de gravures dans des encadrements de laurier en bois doré sur fond de glace, le bas en soierie brochée à fleurs. Style Louis XVI.

34 — Ameublement de salon de la fin Louis XVI,
composé de deux bergères et quatre fauteuils
en bois sculpté, dessin à rubans, pieds et
montants ornementés peints en blanc, couvert
en ancien velours d'Utrecht rouge.

35 — Commode en acajou et filets de cuivre,
dessus en marbre gris. Epoque Louis XVI.

36 — Petite table ovale en marqueterie d'acajou, garnie de cuivres. Style Louis XVI.

37-38 — Deux paravents en soierie brodée de
Chine, décor à fleurs et oiseaux.

39 — Casier à musique en palissandre noirci.

40 — Marquise Louis XVI en bois sculpté laqué
blanc à perles et rubans enroulés dossier cin
tré offrant dans le milieu un nœud de ruban,
les côtés à panaches ornés de tores de lauriers
accotoirs à feuilles d'achante supportés par
des colonnettes.

41 — Grand bureau plat en acajou et filets de
cuivre, dessus en drap rouge style Louis XVI.

42 — Canapé Louis XVI en bois sculpté et laqué blanc dessin à rubans et perlés, recouvert de velours vert à rayures.

43 — Petite console en bois sculpté bandeau ajouré à feuillages et orné de guirlandes. Epoque Louis XVI.

44 — Petit fauteuil d'enfant en bois sculpté peint gris couvert en soierie rose rayée. Epoque Louis XVI.

45 — Glace ronde avec cadre en bois sculpté et doré à coquilles et feuillages.

46 — Trumeau en bois sculpté et doré sur fond blanc, le haut orné d'une peinture représentant les amours moissonneurs. Epoque Louis XVI.

47 — Trumeau en bois sculpté et doré sur fond blanc, orné dans le haut d'une peinture repréentant un oiseleur, xviiie siècle.

48 à 49 — Deux jolis coffres Renaissance étroits en bois sculpté à figures de saints et de saintes ferrures découpées à jour

50 — Bidet en bois sculpté couvert en velours frappé vert amande. Epoque Louis XVI cuvette en ancienne faïence de Rouen.

51 — Petite bergère Louis XVI en bois sculpté laqué gris couverte en soierie vert d'eau rayée et brochée.

52 — Petite vitrine haute en bois de rose et palissandre ouvrant à un tiroir. Epoque Louis XVI.

53 — Jolie petite vitrine d'applique pour miniatures en acajou garni de bronzes finement ciselés et dorés à perles et rais de cœur, couronnée par une armoierie accosté et de deux amours, travail de style Louis XVI de la **maison** DASSON.

54 — Paravent à trois feuilles en noyer sculpté, gaînées dans le bas de velours de Gênes fond rouge dessin jaune et orné dans le haut de petits carreaux décorés d'émaux dans le goût de la Renaissance à amours rinceaux guirlandeset rosace.

55 — Armoire à glace ornée d'incrustations
d'ivoire représentant des personnages.

56 — Bahut à deux portes de même travail.

57 — Table de milieu de même travail.

58 — Chaise de même travail.

59 — Commode de l'époque Louis XVI en acajou orné de filets de cuivre.

60 — Commode Louis XIV en bois de luxe et
ornée de bronzes.

61 — Poudreuse formant bureau à élévation.

62 — Bureau dos d'âne en acajou.

63 — Guéridon pieds orné d'incrustation de
cuivre recouvert en étoffe.

64 — Belle table de salon en marqueterie genre
Boule.

65 — Cave à liqueurs de même travail.

66 — Jardinière de même travail.

67 — Table gigogne, travail Chinois.

68 — Bois de canapé, empire, accotoirs à cols de cygnes.

OBJETS D'ART

ARMES

69 — Beau buste en marbre représentant Mme de Lamballe regardant à gauche, coiffure à longues boucles et fleurs, corsage décolleté, enveloppée de draperies et de tubes bouillonnés.

70 — Grand et beau vase Louis XVI en marbre offrant au pourtour en haut relief une ronde d'enfants inspirée de Clodion, anses à têtes de béliers, panses à guirlandes de laurier se rattachant à des masques de faunes.

71 — Deux bustes de femmes grecques antiques en marbre.

72 — Petit buste en marbre Henri IV enfant,
d'après Bosio.

73 — Statuette en haut relief : jeune bacchante
assise.

74 — Buste en marbre : jeune napolitaine à l'oi-
seau, du professeur Romanely.

75 — Paire de grands vases en porcelaine du
Japon, décor aux cavaliers et guerriers au
milieu de branchages de fleurs, col évasé de
dentelures, avec dragons enroulés en relief.

76 — Deux cornets en porcelaine de Chine, décor de la famille verte à personnages.

77 — Statuette en bronze : la Vénus au dau-
phin. Style XVIᵉ siècle.

78 — Statuette en bronze à patine verte : Phryné
de Madrassi.

79 — Petit vase Louis XVI en bronze finement
ciselé à médaillons, arabesques, rosaces et
feuillages, anses à têtes de femmes, surmonté
d'une pomme de pin.

80 — Paire de beaux vases en marbre gris de
Syrie richement montés de bronzes ciselés et
dorés, à guirlandes, têtes de béliers. feuillages et frise ajourée. Style Louis XVI.

81 — Deux bouteilles en émail cloisonné du
Japon décor aux dragons sur fond blanc.

82 — Paire de vases en émail cloisonné du
Japon décor à médaillons bleus à fleurs sur
fond blanc.

83 — Deux grands candélabres en argent ciselé,
formés par une figurine de femme posée sur
un terrassement et tenant des ceps de vigne à
trois lumières.

84 — Petite pendule Louis XV en marqueterie
de cuivre sur fond d'écaille ornée de bronzes
ciselés et dorés.

85 — Beau lustre en bronze ciselé et doré à
douze lumières formées par des têtes de faunes et des feuillages d'après GOUTHIÈRE, travail de la maison THIÉBAUT.

86 — Paire de candélabres en bronze et bronze
doré à figures de bacchantes supportant les

lumières socle en marbre. Style Louis XVI,
de la maison THIÉBAUT.

87 — Beau Christ ancien en ivoire sculpté sur
croix de bois noir, appliquée sur un fond de
velours; encadrement en bois sculpté et doré.

88 — Paire de chenêts en bronze doré, modèle à
brûle-parfums et figures de petits faunes en
bronze à patine brune de la maison THIÉBAUT.

89 — Statuette en bronze : Diane, signée
A. PÉEN.

90 — Buste en bronze de Molière.

91 — Statuette en bronze d'homme assis sur un
tronc d'arbre.

92 — Statuette de femme arabe en bronze argenté, socle en marbre vert.

93 — Groupe en bronze de Barye. Lion et Ser-
pent.

94 — Plaque rectangulaire en bronze ciselé en
relief d'un groupe d'enfants frileux.

95 — Jeune enfant en bronze doré, tenant de la
main droite une cruche.

96 — Encrier en bronze argenté style Louis **XV**.

97 — Petite statuette en bronze argenté, signée
Klay, socle en marbre rouge.

98 — Paire de flambeaux à figures d'amours en
bronze, sur socle en marbre rouge à perlé de
cuivre.

99 — Paire de lampes en porcelaine de Chine
rouge montées en bronze.

100 — Paire de flambeaux formés par des parties
d'encensoirs, travail ancien à inscription
gothique.

101 — Pendule et deux candélabres en bronze
doré ornés de plaques en porcelaine bleue tur-
quoise à médaillons de fleurs et d'amours.

102 — Heurtoir en bronze à figures d'enfants
soutenant un écusson.

103 — Médaillon en cuivre à figure de Christ portant sa croix dans un encadrement à têtes de chérubins en cuivre repoussé.

104 — Encensoir en cuivre repoussé et ajouré.

105 — Mouvement d'horloge en cuivre xviie siècle.

106 — Deux clefs anciennes en fer dont une avec serrure.

107 — Plat rond en vieux Chine décor à branches fleuries.

108 — Plat creux à bords lobés en faïence de Nevers décor chinois en bleu.

109 — Plat rond en faïence de Rouen décor polychrôme à la Corne.

110 — Plat en ancienne faïence de Marseille décor de paons et de perroquets.

111-112 — Trois plats ronds en faïence de Delft décor en bleu.

113 — Grande jardinière de forme rectangulaire
en barbotine, monture en bronze doré, posant sur 6 pieds en bronze doré reliés par un
plateau d'entrejambe également en barbotine.
Style Louis XVI.

114 — Fontaine d'applique en faïence de Nevers,
décorée d'une figure de berger et d'animaux
dans un paysage.

115 — Tasse à déjeuner et tasse à café avec leur
soucoupe en porcelaine blanche de Paris
décor or.

116 — Sucrier en porcelaine à décor chinois,
tasse et soucoupe en porcelaine décorée de
fleurs.

117 — Théière en ancienne porcelaine de l Inde.

118 — Plat long de Rouen décor à corbeille fleurie
en bleu.

119 — Plat en porcelaine de Berlin bordure à
guirlandes de volubilis.

120 — Buste en marbre blanc. Le Printemps par
CERIBELLI,

121 — Buste en marbre blanc de la princesse d'Offrémont.

122 — Urne triangulaire en marbre blanc sculpté à figures de femmes et d'enfants ; goulot et culot feuillagés.

123 — Neuf pièces : Sabres et rapières.

124 — Deux mains gauches à poignées et gardes pleimes en fer, quillons droits.

125 — Trois poignards dont un à lame courbe garde et poignée en bronze ciselé.

126 — Couteau de chasse.

127 — Quatre Javelots.

128 — Paire de pistolets d'arçons Louis XIV, crosses sculptées garnies en cuivre.

129 — Casque de fonte en fer.

130 — Bouclier en fer gravé à pointe centrale.

131 — Deux sabres à lames courbes dans leur fourreau Travail persan.

132 — Chaufferette forme triangulaire en porcé-
laine de Paris, décor à fleurs

133 — Jeu de loto ancien dans un coffret en car-
ton orné de gravures. xviiie siècle.

134 — Vase en grès de Lachenal, décor à branchages fleuris.

135 — Petit modèle de vitrine en acajou incrusté
de nacre.

136 — Deux candélabres à cinq lumières en bronze
ciselé et ajouré dans le goût de la Renaissance.

137 — Jolie pendule à musique en acajou moucheté garni de bronzes dorés, ornée d'une
petite gouache représentant des amours, avec
inscription : Bonjour et Adieu. Ier Empire.

138 — Coupe en cristal taillé à perlés et étoiles.
xviiie siècle.

139 — Statuette en terre cuite : Au théâtre, œuvre
originale de CONTENI, signée.

140 — Bénitier en bronze ciselé représentant un angle sur applique de marbre blanc.

141 — Paire de grands et beaux chenêts Louis XV en bronze ciselé à figures sur des rocailles.

142 — Pendule en biscuit, socle en marbre.

143 — Paire de candélabres Louis XVI, formés par des statuettes de nymphes portant des branches à trois lumières.

144 — Vide-poche Louis XV orné d'une statuette en bronze doré.

145 — Groupe en bronze : la Chasse, de PEIFFER, sur socle.

146 — Paire de flambeaux Empire en bronze ciselé et doré.

147 — Deux statuettes en bronze : Faunes, d'après CLODION, socles en marbre.

148 — Groupe équestre représentant Marc Aurele.

149 — Cinq appliques en bronze ciselé.

150 — Garniture de cheminée de cinq pièces en bronze ciselé et doré.

BIJOUX

OBJETS DE VITRINE

151 — Collier de chien de vingt-quatre rangs de perles avec barrettes en roses.

152 — Bague marquise ancienne pavée de roses.

153 — Pendentif formé par un gros brillant en forme de cœur et entouré de rubis, avec chaînette en or.

154 — Bague or enrichie de trois brillants, un rubis d'Orient forme cœur et une grosse perle.

155 — Bague en or orné d'une grosse perle grise entre deux brillants.

156 — Bague jonc enrichie d'un rubis cabochon d'Orient.

157 — Broche en or ornée d'un émail représentant une châtelaine entourée de trèfles en perles et fleurs de lys en roses.

158 — Deux boutons de chemises, deux perles, une noire et une blanche.

159 — Broche art nouveau orné d'une aquarelle Parisienne. Signée CHÉRET entourage en or enrichi de roses et orné d'un pendentif formé par une perle poire.

160 — Paire de boutons de manchettes formés de deux camées à têtes de guerriers grecques.

161 — Paire de boutons de manchettes en onyx noir enrichis de roses.

162 — Flacon fermoir or, orné d'un grenat cabochon.

163 — Epingle de cravate forme couronne ornée de trèfles en perles.

164 — Cachet formé par une fine améthyste, monture or manche en lapis lazuli.

165 — Encrier en cristal à bouchon d'argent posant sur un plateau en argent à bordure cise-lée, socle en bois noir.

166 — Six verres à liqueurs sur piédouche en argent guilloché.

167 — Quatre petites salières rondes à côtes tour-nantes en argent avec pelles à sel.

168 — Timbale en argent gravé.

169 — Petit pot à crème en argent sur trois pieds à figures d'anges. Epoque Louis XV.

170 — Narghilé en palissandre incrusté de bur-gau, monture en argent. Travail chinois.

171 — Bourse en argent.

172 — Porte-cartes en argent gravé.

173 — Deux boîtes à allumettes en argent.

174 — Montre ancienne en argent.

175 — Chapelet en argent boules en nacre.

176 — Petite théière en ancien émail de Chine décor par compartiments à fleurs sur fond jaune.

177 — Porte cigarette en écaille brune.

178 — Porte allumettes en lapis.

179 — Deux petites têtes en terre cuite et deux lampes antiques en terre.

180 — Vase étrusque en terre peinte à personnages et Idole en terre cuite.

181 — Vase en terre décorée à goulot trilobé et vase en terre peinte à reflets métalliques.

182 — Cinq pièces : Pistolet, petite plaque en cuivre, couvercle en bronze ciselé, une cuiller à manche ciselé et une petite gourde en faïence décorée de fleurs.

183 — Deux vases en porcelaine de Berlin décor à godrons.

184 — Statuette de femme le bras tendu en porcelaine de Nymphenbourg.

185 — Etui forme poisson en porcelaine d'Allemagne.

186 — Petit chien caniche en porcelaine blanche :
socle en bronze ciselé et doré.

187 — Chien de chasse en porcelaine sur socle en
bronze ciselé et doré à rocailles.

188 — Groupe important en faïence blanche
Apollon et les Muses.

189 — Deux statuettes en ivoire sculpté et de
couleur : Coq et Chien.

190 — Miniature sur ivoire représentant : Une
jeune fille tenant des fleurs, cadre noir bordure en bronze doré et guilloché.

191 — Médaillon en or orné d'une miniature : Portrait de Jeune fille en costume blanc les cheveux poudrés.

192 — Médaillon en or orné d'une miniature :
Portrait de jeune femme coiffée d'un grand
chapeau.

193 — Panier en ancienne porcelaine de Frankental bordure ajourée décor à vannerie.

194 — Boîte à thé en porcelaine de Saxe décorée de volatiles.

195 — Deux boîtes en ancienne porcelaine de Saxe décor à fleurs.

196 — Quatre socles en ancienne porcelaine d'Allemagne décor blanc en relief.

197 — Boîte à thé en porcelaine blanche de Berlin, décor en relief.

198 — Deux candélabres à deux lumières en faïence blanche formés par des figurines d'amours.

199 — Panier rond en porcelaine blanche de Berlin bordure ajourée à vannerie.

200 — Deux petites potiches avec couvercle en porcelaine d'Allemagne décor à fleurs.

201 — Groupe en faïence blanche : la Rêveuse.

202 — Deux cache-pots en porcelaine d'Allemagne décor à fleurs et rehauts d'or.

203 — Deux carafes hollandaise, panses à arêtes saillantes.

204 — Statuette de femme tenant un éventail en porcelaine de Nymphenbourg.

205 — Deux cassolettes avec couvercles en porcelaine blanche de Berlin, décor en relief à tores de lauriers, anses à têtes de lions et anneaux.

206 — Boite Louis XVI en argent doré et orné de pierres de couleur.

207 — Petit soufflet en argent ciselé, à amours dans des rocailles.

208 — Petite voiture attelée d'un cheval en argent hollandais.

209 — Petit bougeoir en argent.

210 — Petite jardinière ovale en argent.

211 — Petite cage en argent doré avec perroquet
en porcelaine de Saxe.

212 — Carafon en cristal gravé monture en argent
ajouré.

213 — Brosse à cheveux monture argent.

214 — Deux petits flambeaux Louis XVI en argent ciselé, décor à têtes de béliers, perles et
guirlandes.

215 — Petite jardinière ovale Louis XVI en argent, décor à draperies, intérieur en verre
bleu.

216 — Petite bonbonnière forme cœur en argent
repoussé.

217 — Chaîne sautoir en argent doré.

218 — Miniature sur ivoire. Portrait de jeune
fille en costume rose et fichu de mousse-
line.

119 — Miniature sur ivoire. Portrait de jeune
fille en costume blanc avec bonnet drapé dans
les cheveux.

220 — Pendentif avec collier en or et argent enrichi d'émeraudes, perles et diamants.

221 — Bague en or, et argent modèle à rinceaux,
enrichie d'émeraudes et de roses.

222 — Bague en or forme losange enrichie de
cinq émeraudes entourage en brillants.

223 — Diptyque en ivoire représentant Molière
chez le Barbier.

224 — Miniature sur ivoire. Portrait de femme
tenant une rose, cadre en bronze doré.

225 — Trois cadres en laque et incrustations de
nacre, travail des écoles d'Hanoï.

226 — Statuette en ivoire représentant Char-
les Ier. Socle en marbre.

227 — Bas relief en ivoire sculpté représentant
l'Innocence. Cadre en velours et chêne.

228 — Bas-relief ancien en ivoire sculpté représentant Diogène demandant l'aumône à une
statue.

229 — Bas-relief en ivoire représentant Napo-
léon I·· consul.

230 — Médaillon en ivoire représentant le roi de
Rome.

231 — Christ en ivoire sculpté sur croix en ébène
travail ancien.

TABLEAUX

PASTELS, DESSINS, GRAVURES

232 — BALLUE. *Les Curieuses*. Deux dessins re-
haussés de couleur. Signés à droite.

233 — BENASSIT? *Cavaliers passant un gué*.

234 — BROWN (John-Lewis). *Cavalier en habit
rouge dans un paysage*.

235 — CLARY. *Petite paysanne près d'un ruis-
seau*. Aquarelle signée à droite.

236 — CRAFTY. *Amazone et cavalier.* Aquarelle signée à droite.

237 — DAUBIGNY (Attribué à KARL). *Le Verger.*

238 — DIAZ (Attribué à). *Le Soir.* Paysage.

239 — ESBRAT. *La Maison rustique.* Paysage.

240 — GOYA (Attribué à). *La Communion.* Cadre en bois sculpté et doré.

241 — GOYA (Attribué à). *Figure d'homme assis.* Dessin, cadre en bois sculpté.

242 — GUIGNARD (GASTON). *Le Retour à la ferme.* Signé à droite.

243 — HEILBUTH (F.). *En canot.* Petite aquarelle signée à gauche F. H.

244 — JULIAR. *La Plage de Berck.* Aquarelle.

245 — Le BRUN (Ecole de). *La Bataille d'Arbelles.*

246 — MONTZAIGLE. *Femme à sa toilette*. Signé
à gauche.

247 — NATTIER (Genre de). *Portrait de femme
avec manteau bleu jeté sur les épaules.*

248 — PANINI (Attribué à). *Monument et ruines
animées de figures de laveuse et de berger gar-
dant ses moutons.*

249 — *Pâtre endormi auprès d'un monument* **et**
enfants jouant avec des chèvres. Deux pen-
dants.

250 — RÉGAMEY. *Le Calendrier des Amoureux*
(Janvier). Dessin.

251 — TROUILLEBERT. *Le Pont.*

252 — VERHAGEN (Van. *Paysage. Marine.*

253 — ECOLE FLAMANDE. *L'Incendie.*

254 — *La Déclaration.*

255 — ECOLE FRANÇAISE XVIIIe siècle. *Les Enfants de France*. Représentés assis dans un paysage jouant avec un nid d'oiseaux. Beau pastel.

256 — ECOLE FRANÇAISE. *Portrait de femme, avec draperie bleue et collier de perles*. Cadre doré.

257 — ECOLE FRANÇAISE. *Portrait de femme en costume de chasse*.

258 — ECOLE FRANÇAISE 1830. *Portrait d'homme*. Pastel.

259 — ECOLE ITALIENNE. *Le Supplicié*. Dessin.

260 — ECOLE MODERNE. *La Femme du pêcheur*.

261 ECOLE MODERNE. *Clairière en forêt*.

262 — ECOLE MODERNE. *Coquelicots et papillons*.

263 — ECOLE MODERNE. *Bricks au port*.

264 — ECOLE MODERNE. Gravure d'après TE-
NIERS; *Première fête flamande*. Cadre doré.

265 — ECOLE MODERNE. Gravure ancienne,
incrustée d'or et d'argent représentant un
Saint.

266 — ECOLE MODERNE. Gouache représentant : *Saint-Nicolas bénissant des fidèles age-
nouillés*.

267 — ECOLE MODERNE. Suite de quatre gravures encadrées. repésentant des scènes de
courses.

267 — ECOLE MODERNE. Suite de cinquante-
huit petites gravures de l'Empire représentant des caricatures. Montées dans deux passe-
partout.

TAPIS

ETOFFES — TENTURES

269 — Très grand et beau tapis d'Aubusson, genre Savonnerie, fond bleu à médaillons de fleurs et cartels rocailles. Style Louis XV.

270 — Deux décors de fenêtres en soie molletonnée fond vert, doublés de soie rose avec doubles rideaux en soie rose à franges, galeries en bois ornées de draperies. Style Louis XVI, de la maison DIENST.

271 — Chasuble en ancienne soie brochée à fleurs, encadrements de galons métalliques dorés.

272-274 — Huit carpettes orientales à dessins variés.

275 — Deux portières en velours rouge brodé d'or. Travail oriental.

276 — Très grand tapis d'Orient, fond vert, dessin varié avec rosace au centre.

277 — Grand tapis d'Orient, fond rouge, dessin polychrome.

278 — Grande portière en satin crème de Chine, brodé de soie et d'or, dessin offrant un traité de paix.

279 — Tapis d'Orient à dessin polychrome.

280 — Tapis de Smyrne, fond clair.

281 — Tapis de Smyrne étroit, fond rouge.

282— Carpette d'Orient, dessin polychrome.

283 — Objets omis.

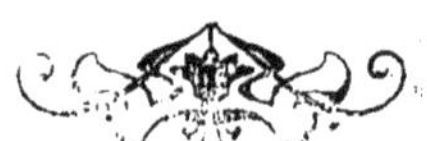